三十二式太极剑

本社编

人民体育出版社

图书在版编目（CIP）数据

三十二式太极剑/人民体育出版社编.-- 北京：人民体育出版社，2007（2024.4重印）
 ISBN 978-7-5009-3173-7

Ⅰ.①三… Ⅱ.①人… Ⅲ.①剑术（武术）—基本知识 Ⅳ.①G852.24

中国版本图书馆CIP数据核字(2007)第054062号

*

人民体育出版社出版发行
北京建宏印刷有限公司印刷
新 华 书 店 经 销
*
850×1168　32开本　2.625印张　50千字
2007年8月第1版　2024年4月第6次印刷
印数：16,001—17,000册
*
ISBN 978-7-5009-3173-7
定价：24.00元

社址：北京市东城区体育馆路8号（天坛公园东门）
电话：67151482（发行部）　　邮编：100061
传真：67151483　　　　　　　邮购：67118491
网址：www.psphpress.com
（购买本社图书，如遇有缺损页可与邮购部联系）

目 录

一、三十二式太极剑简介 ………………（1）

二、三十二式太极剑基本动作介绍 ………（2）

三、三十二式太极剑动作名称 ……………（5）

四、三十二式太极剑动作图解 ……………（7）

五、三十二式太极剑动作路线示意图 ……(68)

六、三十二式太极剑练习方向和进退路线详图

………………………………………(69)

七、三十二式太极剑连续动作图 …………(70)

一、三十二式太极剑简介

太极剑是属于太极拳系统的一种剑术套路。它具有太极拳的运动特点及健身价值。本书介绍的这趟剑是根据传统的太极剑套路改编的，全部动作除"起势"和"收势"之外，共选定了 32 个主要姿势动作。整个套路分为四组，每组八个动作，从起势到收势往返共两个来回，练习时间大体需要 2~3 分钟。动作中包括抽、带、撩、刺、击、挂、点、劈、截、托、扫、拦、抹等主要剑法和各种身法、步法。它可以单人独练，也可以集体练习。通过这些主要姿势动作的练习，既可以更好地增强体质，又能增加练习者的锻炼兴趣，并为练习其他剑术套路打下基础。

二、三十二式太极剑基本动作介绍

（一）左手持剑法

左手自然舒展开，虎口部位对准剑的护手处，然后拇指由护手上方向下，中指、无名指和小指由护手下面向上，两者相对握住护手（由于护手的形式不同，拇指也可以从下向上握），食指伸直贴附于剑把之上，剑身平贴于左前臂后侧。（图甲）

图 甲

要点：手要紧握剑，不得使剑刃触及身体。

（二）右手持剑法

右手自然舒展开，虎口对向剑的"上刃"（剑面

图 乙

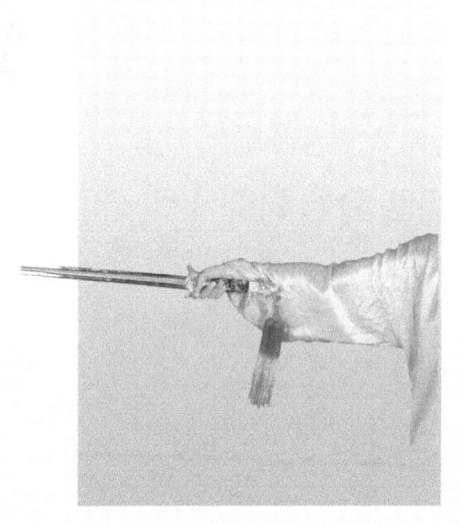

竖直成立剑时，在上的一侧剑刃称为上刃），然后拇指和食指靠近护手将剑把握紧，其他三指可松握，以拇指的根节和小指外沿的掌根部位控制剑的活动（图乙）。另一种持剑法是以中指、无名指和拇指握住剑把，食指和小指松握。当遇到某些需要增加剑锋弹力和灵活性的动作时，食指则附贴于护手上，以控制剑活动的准确性。后一种持剑法也称活把剑。

要点：握剑的松紧程度，以能将剑刺平、劈平为宜。

图 丙

（三）剑指

在练剑的时候，不持剑的手一般都保持成"剑指"姿势，即把食指和中指尽量伸直，无名指和小指屈握，然后用拇指压在无名指和小指指甲上。（图丙）

三、三十二式太极剑动作名称

准备动作
（一）预备势　　　　（二）起势

第一组
（一）并步点剑　　　（二）独立反刺
（三）仆步横扫　　　（四）向右平带
（五）向左平带　　　（六）独立抡劈
（七）退步回抽　　　（八）独立上刺

第二组
（九）虚步下截　　　（一〇）左弓步刺
（一一）转身斜带　　（一二）缩身斜带
（一三）提膝捧剑　　（一四）跳步平刺
（一五）左虚步撩　　（一六）右弓步撩

第三组
（一七）转身回抽　　（一八）并步平刺
（一九）左弓步拦　　（二〇）右弓步拦
（二一）左弓步拦　　（二二）进步反刺
（二三）反身回劈　　（二四）虚步点剑

第四组
(二五) 独立平托　　(二六) 弓步挂劈
(二七) 虚步抡劈　　(二八) 撤步反击
(二九) 进步平刺　　(三〇) 丁步回抽
(三一) 旋转平抹　　(三二) 弓步直刺
收势

四、三十二式太极剑动作图解

准备动作

(一) 预备势

身体正直,两脚开立,与肩同宽,脚尖向前;两臂自然垂于身体两侧,左手持剑,剑尖向上,剑身竖直;眼平视前方。(图1)

要点: 上体要自然,不要故意挺胸、收腹。剑身在左臂后不要触及身体。两肩自然松沉。

图 1

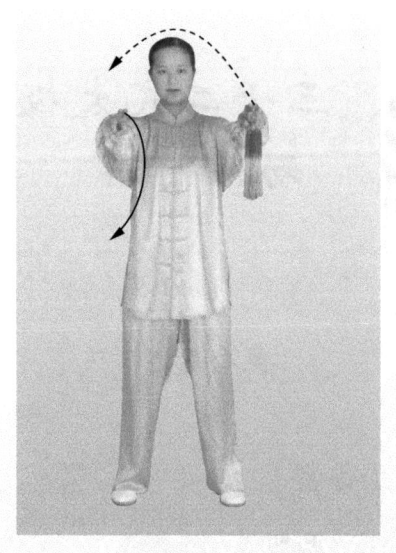

图 2

（二）起势

①右手握成剑指，两臂慢慢向前平举，高与肩平，手心向下；眼看前方。（图2）

要点：两臂上起时，不要用力，两手宽度不超过两肩。剑身在左臂下要平，剑尖不可下垂。

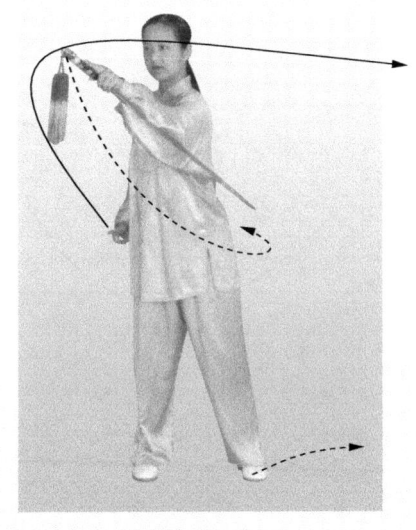

图 3

②上体略向右转，身体重心移于右腿，屈膝下蹲，然后再向左转体，左脚提起向左侧前方迈出，成左弓步；左手持剑，随即经体前向左下方搂至左胯旁，剑立于左臂后，剑尖向上；同时，右手剑指下落转成掌心向上，由右后方屈肘上举经耳旁随转动方向向前指出，高与眼平；眼先向右看，然后向前看右剑指。（图3、图4）

图 4

要点：左臂向体前划弧时，身体要先微向右转，身体重心在右腿放稳之后再提左脚。转体、迈步和两臂动作要协调柔和。

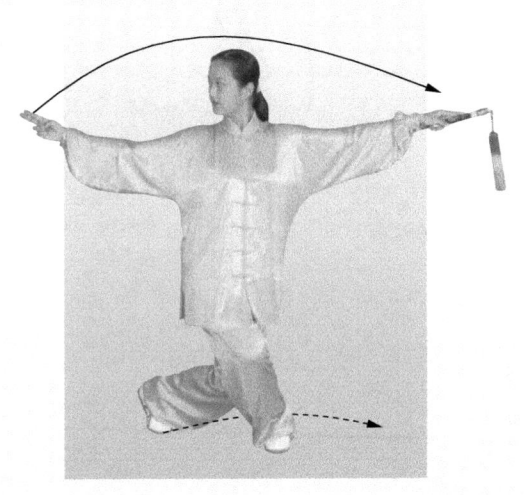

图 5

③左臂屈肘上提，左手持剑（手心向下），经胸前从右手上方穿出；右剑指翻转（手心向上），并慢慢下落撤至右后方（手心仍向上），两臂前后展平，身体右转；与此同时，右腿提起向前横落，脚尖外撇，两腿交叉，膝部弯曲，左脚跟离地，身体稍向下坐，成半坐盘势；眼向后看右手。（图5）

要点：左右手必须在体前交错分开，右手后撤与身体右转动作要协调。

三十二式太极剑

图 6

④右脚和左手持剑的位置不动，左脚前进一步，成左弓步，同时身体向左扭转；右手剑指随之经头部右上方向前落于剑把之上，准备接剑；眼平看前方。（图6）

要点：动作时应先提脚和向左转头，然后再举右臂向前下落。两臂不要硬直，两肩要松。上体保持自然。

图 7

第 一 组

(一) 并步点剑

左手食指向中指一侧靠拢，右手松开剑指，虎口对着护手，将剑接换过，并使剑在身体左侧划一立圆，然后剑尖向前下点，剑尖略向下垂，右臂要平直，左手变成剑指，附于右手腕部；同时，右脚前进，向左脚靠拢并齐，脚尖向前，身体略向下蹲；眼看剑尖。（图7）

三十二式太极剑

图 8

要点：剑身向前绕环时，两臂不可高举。右手握剑划圆只用手腕绕环。点剑时，力注剑尖。肩要下沉，上体正直。

图 9

（二）独立反刺

①右脚向右后方撤一步，随即身体右后转，然后左脚收至右脚内侧，脚尖点地；同时，右手持剑，经体前下方撤至右后方，右腕翻转，剑尖上挑；左手剑指随剑回撤，停于右肩旁；眼看剑尖。（图8、图9）

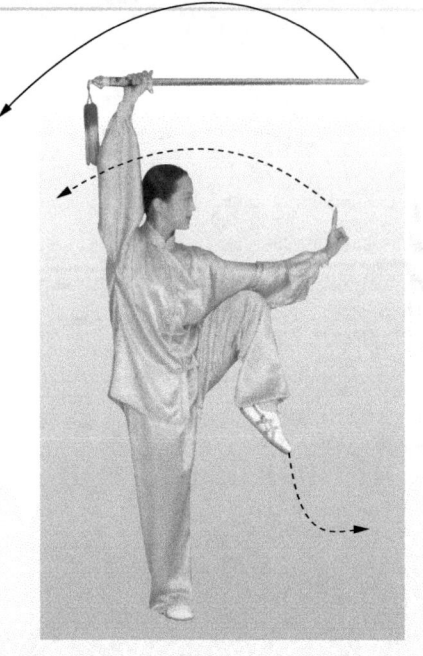

图 10

②上体左转，左膝提起，成独立势，脚尖下垂；同时，右手渐渐上举，使剑经头部前上方向前刺出（拇指向下，做反手立剑），剑尖略低，力注剑尖；左手剑指则经下颌处随转体向前指出，高与眼平；眼看剑指。（图10）

要点：分解动作中间不要间断。独立姿势要稳定，身体不可前俯后仰。

图 11

(三) 仆步横扫

①上体右后转；剑随转体向右后方劈下，右臂与剑平直，左手剑指落于右手腕部；在转体的同时，右膝前弓，左腿向左横落撤步，膝部伸直；眼看剑尖。（图11）

三十二式太极剑

图 12

②身体向左转；左手剑指经体前顺左肋反插，向后、向左上方划弧举起至左额前上方，手心斜向上；右手持剑翻掌，手心向上，使剑由下向左上方平扫，力在剑刃中部，剑高与胸平；在转体的同时，右膝弯曲成半仆步。此势不停，接着身体重心逐渐前移，左脚尖外撇，左腿屈膝，右脚尖里扣，右腿自然伸直，变成左弓步；眼看剑尖。（图12）

要点： 以上两个分解动作要连贯进行。弓步时，身体保持正直。

图 13

（四）向右平带

右腿提起经左腿内侧向右前方跨出一步，成右弓步；同时，右手剑向前引伸，然后翻转手心向下，将剑向右斜方慢慢回带，屈肘握剑手带至右肋前方，力在右剑刃，剑尖略高于手；左手剑指下落附于右手腕部；眼看剑尖。（图13）

要点：剑的回带和弓步屈膝动作要一致。

图 14

（五）向左平带

右手剑向前引伸，并慢慢翻掌将剑向左斜方回带，屈肘握剑手带至左肋前方，力在左剑刃；左手剑指经体前左肋向左上方划弧举起至左额上方，手心斜向上；与此同时，左脚经右腿内侧向左前方迈出一步，成左弓步；眼看剑尖。（图 14）

要点： 与"向右平带"的要点相同。

图 15

（六）独立抡劈

右脚前进到左脚内侧，脚尖着地；左手从头部左上方落至右腕部。（图15）

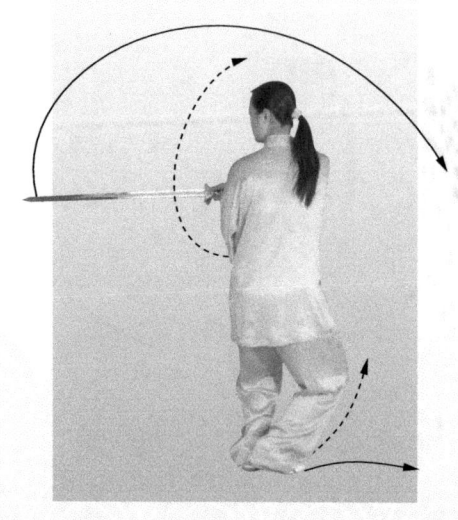

图 16

身体左转；右手抽剑由前向下、向后划弧，经身体左下方旋臂翻腕上举，向前下方正手立剑劈下，力在剑下刃；左手剑指则由身体左侧向下、向后转至左额上方，掌心斜向上；在抡劈剑的同时，右脚前进一步，左腿屈膝提起，成独立步；眼看剑尖。（图16、图17）

四、三十二式太极剑动作图解

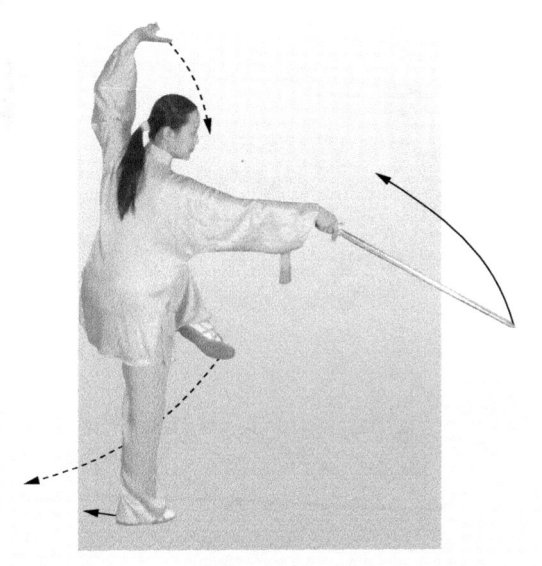

图 17

要点：劈剑时，身体和头部先向左转，然后随剑的抡劈方向再转向前方。提膝和劈剑要协调一致。整个动作过程要连贯不停。

图 18

（七）退步回抽

左脚向后落下，屈膝，右脚随之撤回半步，脚尖点地，成右虚步；同时，右手剑抽回，剑把靠近左肋旁边，手心向里，剑面与身体平行，剑尖斜向上；左手剑指下落附于剑把上；眼看剑尖。（图18）

要点： 右脚回撤与剑的回抽动作要一致。上体要正直。

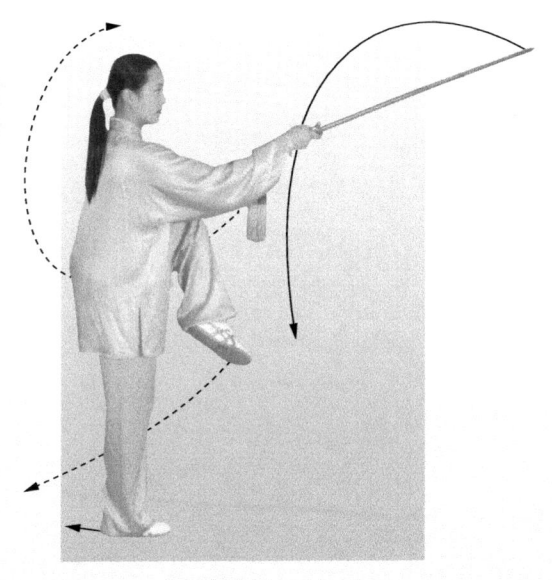

图 19

（八）独立上刺

身体微向右转，面向前方；右脚前进半步，左腿屈膝提起，成独立步；同时，右手剑向前上方刺出（手心向上），力注剑尖，剑尖高与眼平；左手仍附在右手腕部；眼看剑尖。（图 19）

要点：身体微向前倾，但不要故意挺胸。独立势要平衡稳定。

图 20

第 二 组

（九）虚步下截

左脚向左后方落步，右脚随即微向后撤，脚尖点地，成右虚步；同时，右手剑先随身体左转再随身体右转，经体前向右、向下按（截），力注剑刃，剑尖略下垂，高与膝平；左手剑指由左后方绕行至左额上方（掌心斜向上）；眼平视右前方。（图20）

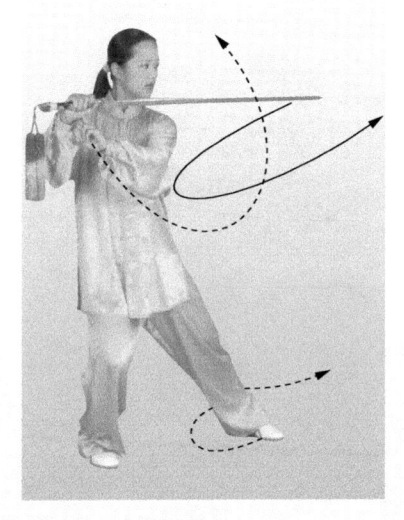

图 21

要点：左脚变虚步与剑向下截要协调一致。如面向南起势，此式虚步方向正东偏北（约 30°），上体右转，面向东南。

(一〇) 左弓步刺

右脚向右后方回撤一步，左脚收至右脚内侧后再向左前方迈出，成左弓步，面向左前方；同时，右手剑随身体转动经面前向后、向下抽卷，再向左前方刺出，手心向上，力注剑尖；左手剑指向右、向下落，经体前再向左、向上绕行至左额上方，手心向上，臂要撑圆；眼看剑尖。（图 21、图 22）

图 22

要点：右手回撤时，前臂先外旋再内旋（手心先转向外，再向下，再转向上），从右腰部将剑刺出。左手剑指绕行时要先落在右手腕部再分开转向头上方。弓步方向为东偏北（约 30°）。

图 23

(一) 转身斜带

①身体重心后移，左脚尖里扣，上体右转，随后身体重心又移至左脚上，右脚提起，贴在左腿内侧；同时，右手剑收回横置胸前，掌心仍向上；左手剑指落在右手腕部；眼看左方。（图 23）

三十二式太极剑

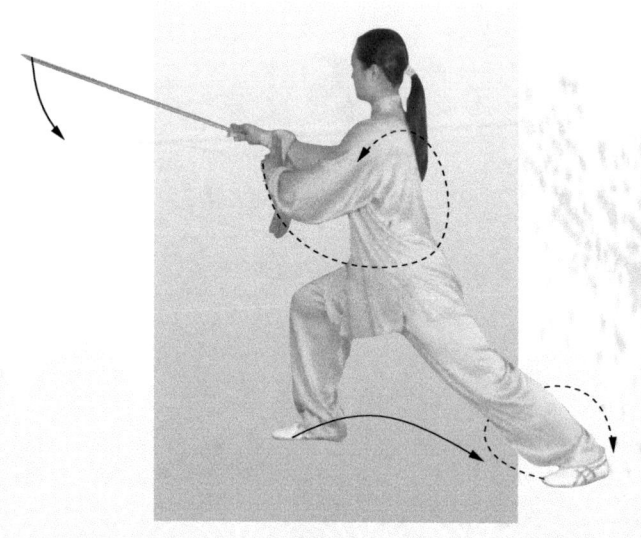

图 24

②上动不停，向右后方转体，右脚向右侧方迈出，成右弓步；同时，右手剑随转体翻腕，掌心向下并向身体右侧外带（剑尖略高），力在剑刃外侧；左手剑指仍附于右手腕部；眼看剑尖。（图 24）

要点：身体重心移动、向右侧方迈出成右弓步，须与向右后转的动作一致，力求平稳、协调。转身斜带弓步方向应转为正西偏北（约 30°）。

图 25

（一二）缩身斜带

左脚提起后再向原位置落下，身体重心移于左腿，右脚撤到左脚内侧，脚尖点地；同时，右手翻掌，手心向上，并使剑向左侧回带（剑尖略高），力在剑刃外侧；左手剑指随即由体前向下反插，再向后、向上绕行划弧重落于右手腕部；眼看剑尖。（图25）

要点：剑回带时，身体也随着向左扭转。身体后坐时，臀部不要凸出。

图 26

(一三) 提膝捧剑

①右脚后退一步,左脚也微向后撤,脚尖着地;同时,两手平行分开,手心都向下,剑身斜置于身体右侧,剑尖位于体前,左手剑指置于身体左侧。(图26)

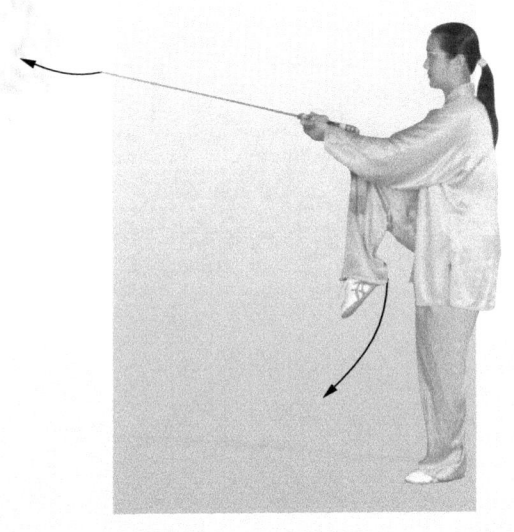

图 27

②左脚略向前进步，右膝向前提起成独立势；同时，右手剑把与左手（剑指变掌）在胸前相合，左手捧托在右手背下，两臂微屈，剑在胸前，剑身直向前方，剑尖略高；眼看前方。（图27）

要点：以上两个分解动作要连贯不停。独立步左腿自然蹬直，右腿提膝，脚尖下垂。上体保持自然。

三十二式太极剑

图 28

（一四）跳步平刺

①右脚向前落下，身体重心前移，然后右脚尖用力蹬地，左脚随即前进一步踏实，右脚在左脚将落未落地时，迅速向左脚内侧收拢（脚不落地）；同时，两手捧剑，先微向回收，紧接着随右脚落地再直向前伸刺，然后随左脚落地，两手分开撤回身体两侧，两手手心都向下，左手再变剑指；眼看前方。（图28、图29）

四、三十二式太极剑动作图解

图 29

三十二式太极剑

图 30

②右脚再向前上一步，成右弓步；同时，右手剑向前平刺（手心向上），力注剑尖；左手剑指由左后方上举，绕至左额上方，手心斜向上；眼看剑尖。（图 30）

要点：两手先略向回收，再于右脚落地的同时向前伸刺。左脚落地要与两手回撤动作一致。刺出后，剑要平稳。

图 31

（一五）左虚步撩

身体重心后移在左腿上，上体左转，右脚回收再向前垫步，脚尖外撇，再向右转体，身体重心前移至右腿，左脚随即前进一步，脚尖着地，成左虚步；同时，右手剑随身体转动经左上方向后、向下立剑向前撩出（前臂内旋，手心向外），力在剑刃前部，剑把停于头前，剑尖略低；左手剑指在上体左转时即下落附于右腕部，随右手绕转；眼看前方。（图31、图32）

图 32

要点：撩剑的路线必须划一个整圆。左手剑指须下落到左肋侧再与右手相合。

图 33

（一六）右弓步撩

身体先向右转；右手剑由上向后绕环，掌心向外；左手剑指随剑绕行附于右臂内侧；随之左脚向前垫步，右脚继而前进一步，成右弓步；右手剑随着上右步由下向前立剑撩出（前臂外旋，手心向外），剑与肩平，剑尖略低，力在剑刃前部；左手剑指则由下向上绕行至左额上方，手心斜向上；眼看前方。（图33、图34）

三十二式太极剑

图 34

要点：剑向后绕环时，身体和眼神随着向后转。整个动作要连贯。

图 35

第 三 组

（一七）转身回抽

①身体左转，重心后移；右脚尖里扣，左脚尖稍外展，右腿蹬直，成左侧弓步；同时，右手将剑柄收引到胸前，剑身平直，剑尖向右后；左手剑指仍附于右腕上。（图35）

图 36

身体再向左转；随转体右手剑向左前方劈下，力在剑刃（剑身要平）；左手剑指附于右腕部；眼看剑尖。（图36）

图 37

②身体重心后移至右腿，右膝稍屈，左脚回撤，脚尖点地，成左虚步；同时，左手剑抽回至身体右侧（剑尖略低）；左手剑指收回再经胸前、下颌前向前指出，高与眼齐；眼看剑指。（图37）

要点：第一动，向左转体时，要先扣右脚，再展左脚；右臂先屈回胸前再向左劈。第二动，左手剑指必须随右手收到腹前，再向上、向前指出。全部动作要协调。如果面向南起势，此式方向则为东偏南（约30°）。

图 38

（一八）并步平刺

左脚略向左移，右脚靠拢左脚成并步，面向前方，身体直立；同时，左手剑指向左转并向右下方划弧，反转变掌捧托在右手下，然后双手捧剑向前平刺，手心向上，力注剑尖，高与胸平；眼看前方。（图38）

要点：剑刺出后两臂要微屈，并步和刺剑要一致。身体直立要自然，不要故意挺胸。如果面向南起势，刺剑的方向为正东。

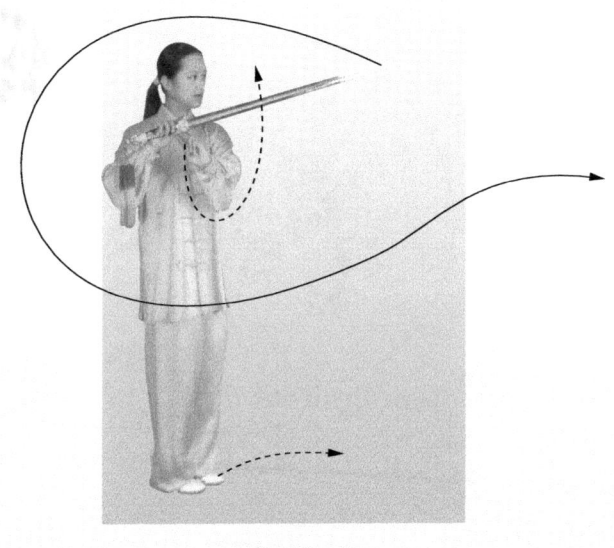

图 39

（一九）左弓步拦

右手剑翻腕后抽，随身体右转由前向右转动，再随身体左转经右后方向下、向左前方托起拦出，力在剑刃，剑身与头平，前臂外旋，手心斜向里；左手剑指则向右、向下、向上绕行，停于左额上方，手心斜向上；在身体左转时左脚向左前方进一步，左腿屈膝，成左弓步；眼先随剑向右后看，最后平看前方。（图 39、图 40）

三十二式太极剑

图 40

要点： 身体应随剑先向右转再向左转。右腿先微屈，然后迈左脚。左手剑指随右手绕行，到右上方之后再分开。

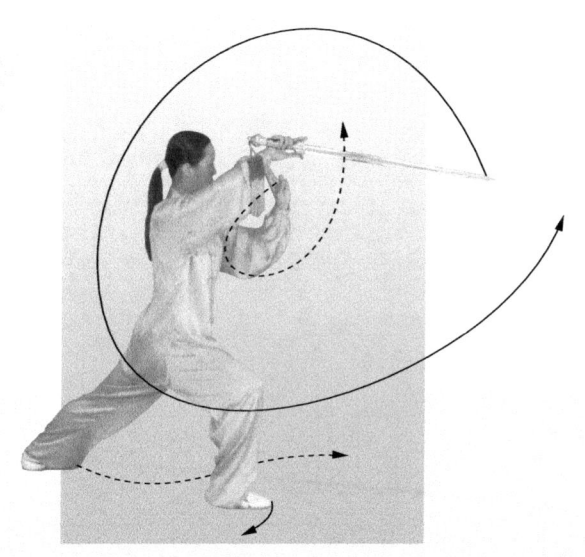

图 41

(二〇) 右弓步拦

身体重心微向后移,左脚尖外撇,身体先向左转再向右转,在转体的同时,右脚经左脚内侧向右前方进一步,成右弓步;右手剑由左后方划一整圆向右前托起拦出(前臂内旋,手心向外),力在剑刃,剑身与头平;左手剑指附于右手腕部;眼看前方。(图41)

要点:以上两动要连贯,剑须走一大圈,视线随剑移动。

图 42

（二一）左弓步拦

身体重心微向后移，右脚尖外撇，其余动作及要点与前"右弓步拦"相同，只是方向相反。右手剑拦出时，右臂外旋，手心斜向内。（图 42）

图 43

（二二）进步反刺

①身体向右转；右脚向前横落盖步，脚尖外撇，左脚跟离地成半坐盘势；同时，右手剑剑尖下落，左手剑指下落到右腕部，然后剑向后方刺出，左手剑指向前方指出，手心向下，两臂伸平，右手手心向体前；眼看剑尖。（图43）

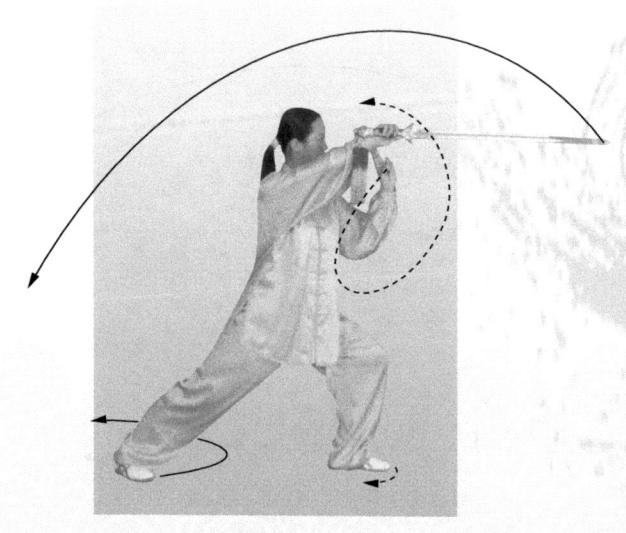

图 44

②身体左转，左脚前进一步，成左弓步；同时，右前臂向上弯曲，剑尖向上挑挂，继而向前刺出（前臂内旋，手心向外，成反立剑），力注剑尖，剑尖略低；左手剑指附于右腕部；眼看剑尖。（图44）

要点：以上两动要连贯，弓步刺剑时身体不可太前俯。

图 45

（二三）反身回劈

身体重心先移至右腿，左脚尖里扣，然后再移到左腿上，右脚提起收回（不停），身体右后转，右脚随即向前迈出成右弓步，面向中线右前弓；同时，右手剑随转体由上向右后方劈下，力在剑刃；左手剑指由体前经左下方转至左额上方，手心斜向上；眼看剑尖。（图 45）

要点：劈剑、转体和迈右脚成弓步要协调一致。弓步和劈剑方向为正西偏北（约30°）。

图 46

（二四）虚步点剑

左脚提起，上体左转，左脚向起势方向垫步，脚尖外撇，随即右脚提起落在左脚前，脚尖点地，成右虚步；同时，右手剑随转体划弧上举向前下方点出，右臂平直，剑尖下垂，力注剑尖；左手剑指下落经身体左侧向上绕行，在体前与右手相合，附于右腕部；眼看剑尖。（图 46）

要点：点剑时，腕部用力，使力量达于剑尖。点剑与右脚落地要协调一致。身体保持正直。虚步和点剑方向、起势方向相同。

图 47

第 四 组

(二五) 独立平托

右脚向左腿的左后方插步,两脚以脚掌为轴向右后转体(仍成面向前方),随即左膝提起成右独立步;在转体的同时,剑由体前先向左、向下绕环,然后随向右转体动作向右上方托起,剑身略平,稍高于头,力在剑刃上侧;左手剑指仍附于右腕部;眼看前方。(图47)

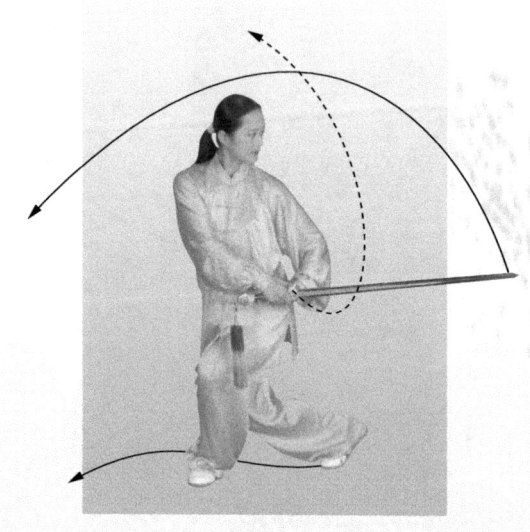

图 48

要点：撤右腿时，右脚掌先落地，然后再以脚掌为轴向右后转体。身体不要前俯后仰。提膝和向上托剑动作要一致。右腿自然伸直。

（二六）弓步挂劈

①左脚向前横落，身体左转，两腿交叉成半坐盘势，右脚跟离地；同时，右手剑向身体左后方穿挂，剑尖向后；左手剑指仍附右腕上；眼向后看剑尖。（图48）

图 49

②右手剑由左侧翻腕向上再向前劈下，剑身要平，力在剑刃；左手剑指则经左后方上绕至左额上方，手心向上；同时，右脚前进一步，成右弓步；眼看剑尖。（图 49）

要点：身体要先向左转再向右转。视线随剑移动。

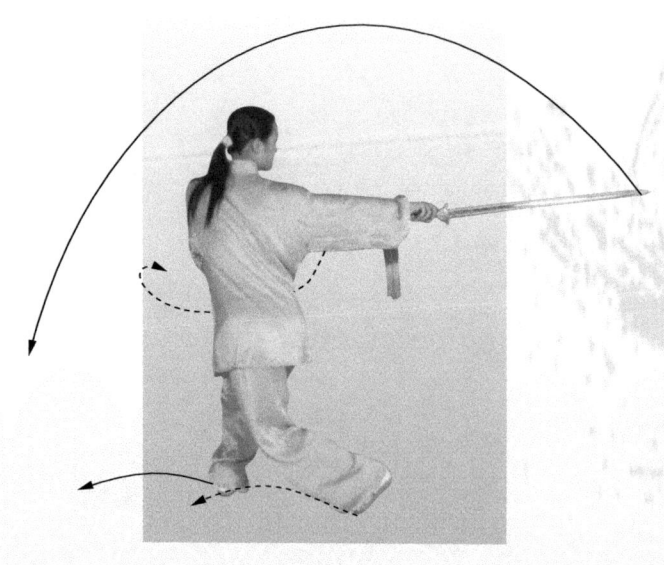

图 50

(二七) 虚步抡劈

①重心略后移，身体右后转；右脚尖外撇，左脚跟离地成交叉步；同时，右手剑由右侧下方向后反手撩平，左手剑指落于右肩前；眼向后看剑尖。（图50）

图 51

②左脚向前垫一步，脚尖外撇，身体左转，随即右脚前进一步，脚尖着地，成右虚步；与此同时，右手剑由右后翻臂上举再向前劈下，剑尖与膝同高，力在剑刃；左手剑指自右肩前下落经体前向左上划圆再落于右前臂内侧；眼看前下方。（图51）

要点：以上两个分解动作要连贯，中间不要停顿。

三十二式太极剑

图 52

（二八）撤步反击

上体右转；右脚提起向右后方撤一大步，左脚跟外转，左腿蹬直，成右侧弓步；同时，右手剑向右后上方斜削击出，力在剑刃前端，手心斜向上，剑尖斜向上，高与头平；左手剑指向左下方分开平展，剑指略低于肩，手心向下；眼看剑尖。（图52）

要点： 右脚先向后撤，再蹬左脚。两手分开要与弓腿、转体动作一致。撤步和击剑方向为东北。

图 53

（二九）进步平刺

①身体微向右后转，左脚提起贴靠于右腿内侧；同时，右手翻掌向下，剑身收回于右肩前，剑尖斜向左前；左手剑指向上绕行落在右肩前；眼向前看。（图 53）

图 54

②身体向左后转；左脚垫步，脚尖外撇，继而右脚前进一步，成右弓步；同时，右手剑随转体动作向前方刺出，力贯剑尖，手心向上；左手剑指经体前顺左肋反插，向后再向左上绕至左额上方，手心斜向上；眼看剑尖。（图54）

要点：左腿提起时，要靠近右腿后再转身落步，待左腿稳定后再进右步，上下须协调一致。

图 55

（三〇）丁步回抽

身体重心后移，右脚撤至左脚内侧，脚尖点地，成右丁步；同时，右手剑屈肘回抽（手心向里），剑把置于左肋部，剑身斜立，剑尖斜向上，剑面与身体平行；左手剑指落于剑把之上；眼看剑尖。（图55）

要点：右脚回收和剑回抽要一致。上体须正直。

图 56

(三一) 旋转平抹

①右脚提起向前落步外摆（两脚成八字形），同时上体稍右转；右手翻掌向下，剑身横置胸前。（图56）

图 57

②身体重心移于右腿，上体继续右转；左脚随即向右脚前扣步，两脚尖斜相对（成内八字形），然后以左脚掌为轴向右后转身，右脚随转体向中线方向后撤一步，左脚随之稍后收，脚尖点地，成左虚步；同时，右手剑随转体由左向右平抹，力在剑刃外侧，然后在变左虚步的同时，两手向左右分开，置于两胯旁，手心都向下，剑身斜置于身体右侧，剑尖位于体前；身体恢复起势方向，眼平看前方。（图57、图58）

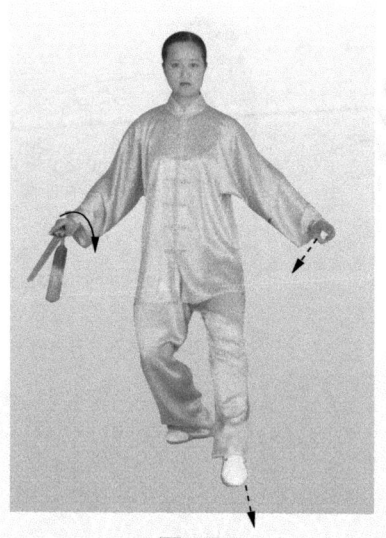

图 58

要点：移步转身要平稳自然，不要低头弯腰，速度要均匀。由"丁步回抽"到"旋转平抹"完成，转体约360°，身体仍回归起势方向。

图 59

（三二）弓步直刺

左脚向前进半步，成左弓步；同时，右手剑立剑直向前刺出，高与胸平，力注剑尖；左手剑指附在右手腕部；眼看前方。（图 59）

要点：弓步、刺剑要动作一致。

三十二式太极剑

图 60

收　势

①身体重心后移，随即身体向右转；同时，右手剑向右后方回抽，手心仍向内；左手也随即屈肘回收（两手心内外相对），接握剑的护手；眼看剑身。（图60）

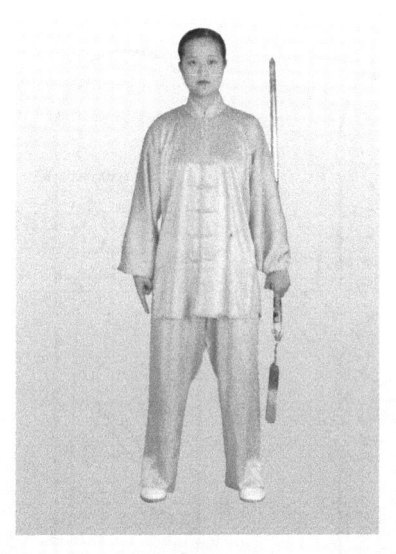

图 61

②身体左转，身体重心再移到左腿，右脚向前跟进半步，与左脚成开立步（与肩同宽，脚尖向前）；同时，左手接剑（反握），经体前下落垂于身体左侧；右手变成剑指向下、向右后方划弧上举，再向前、向下落于身体右侧；全身放松，眼平看前方。（图61）

五、三十二式太极剑动作路线示意图

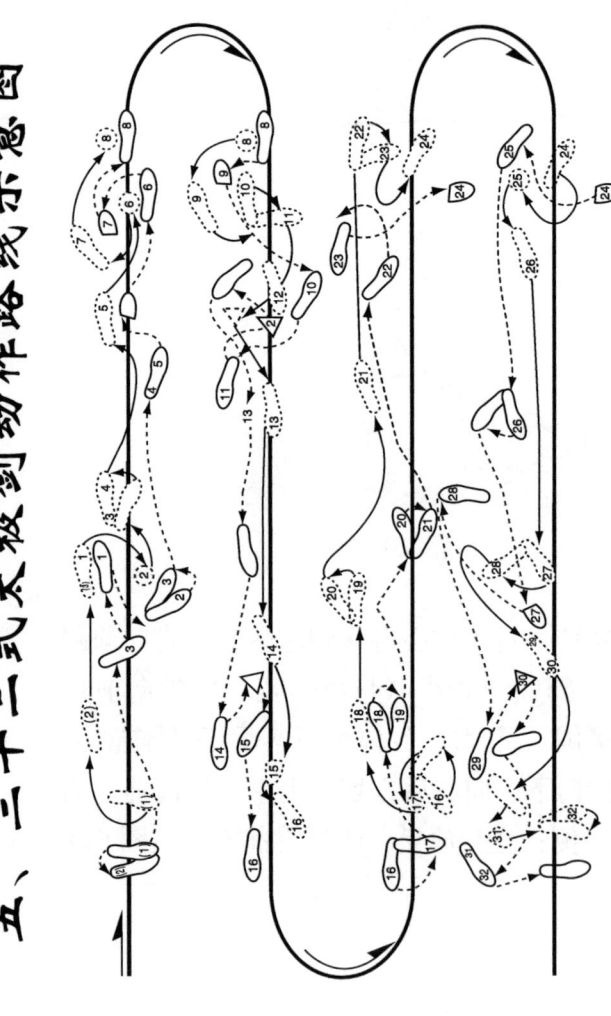

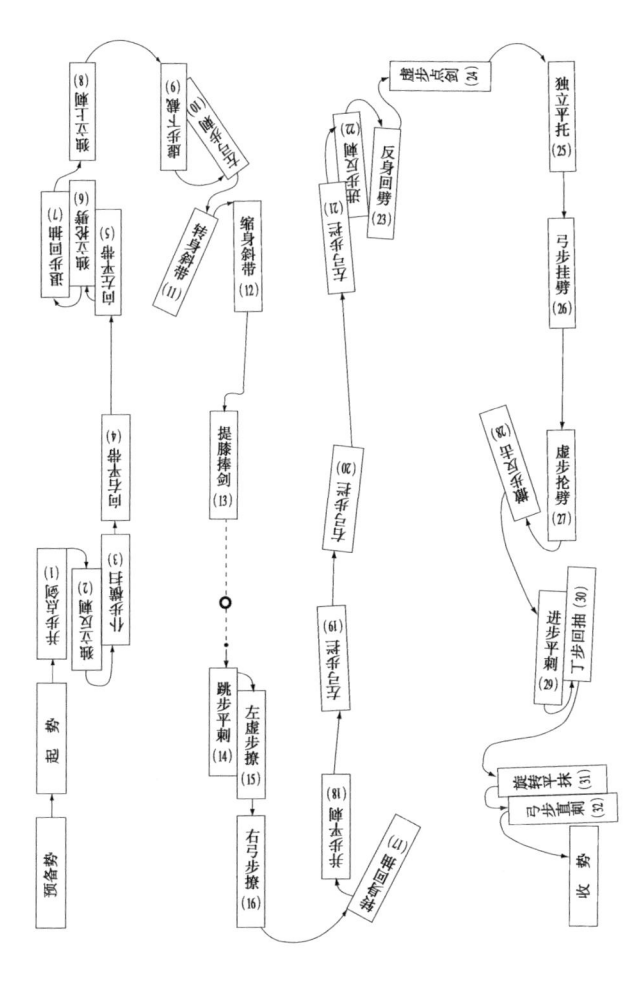

六、三十二式太极剑练习方向和进退路线详图

图例说明
1. 图中文字的正反表示：字的上端为练习者背向方向，下端表示面向方向。
2. 图中长方格略有错开的，如图└┐是表示在原地活动，略有进退。"…○•→"表示跳步动作。
3. 单人练习时，一般在宽4米、长6米的场地上即可进行。

七、三十二式太极剑连续动作图

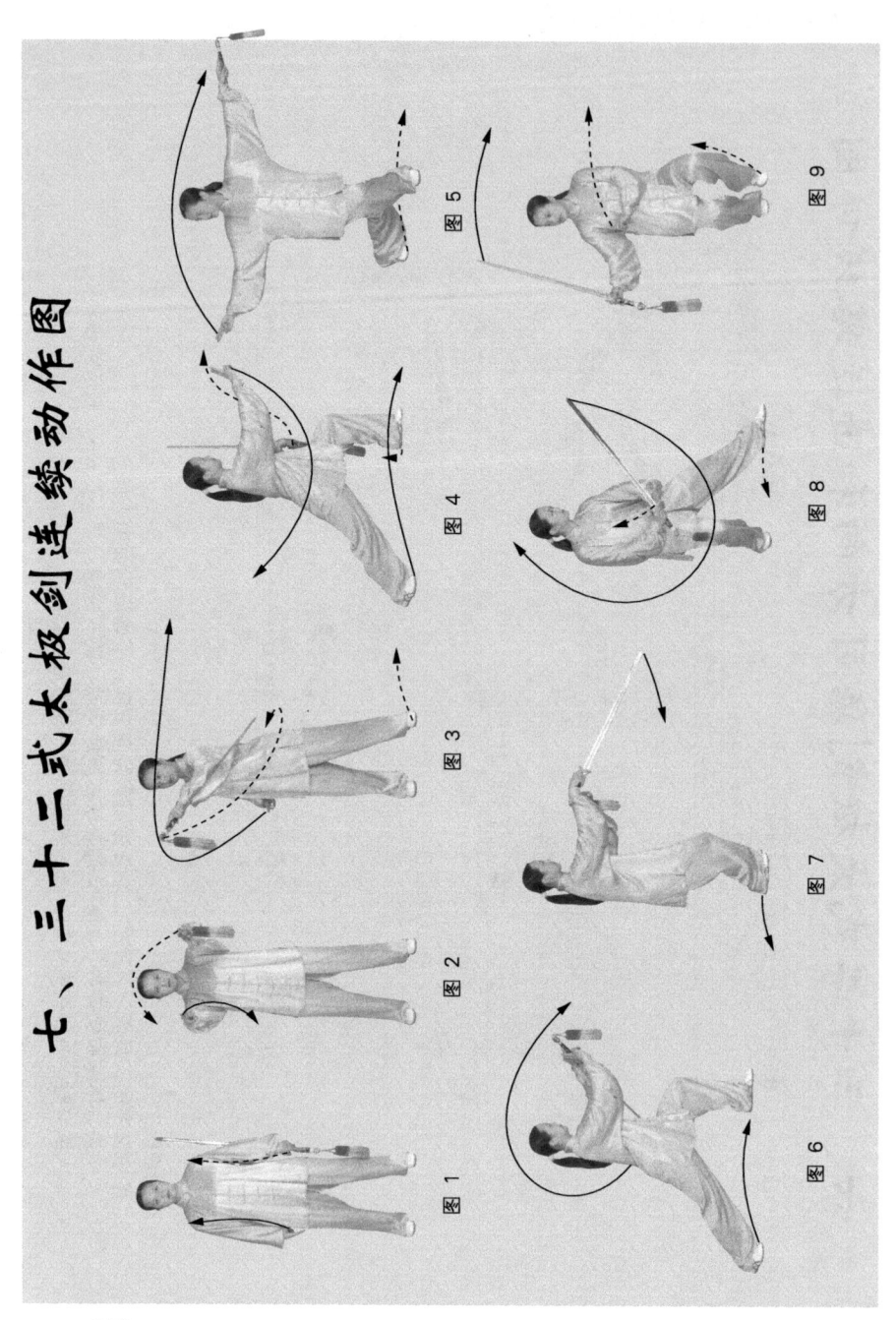

图1　图2　图3　图4　图5

图6　图7　图8　图9

图 10　　图 11　　图 12　　图 13

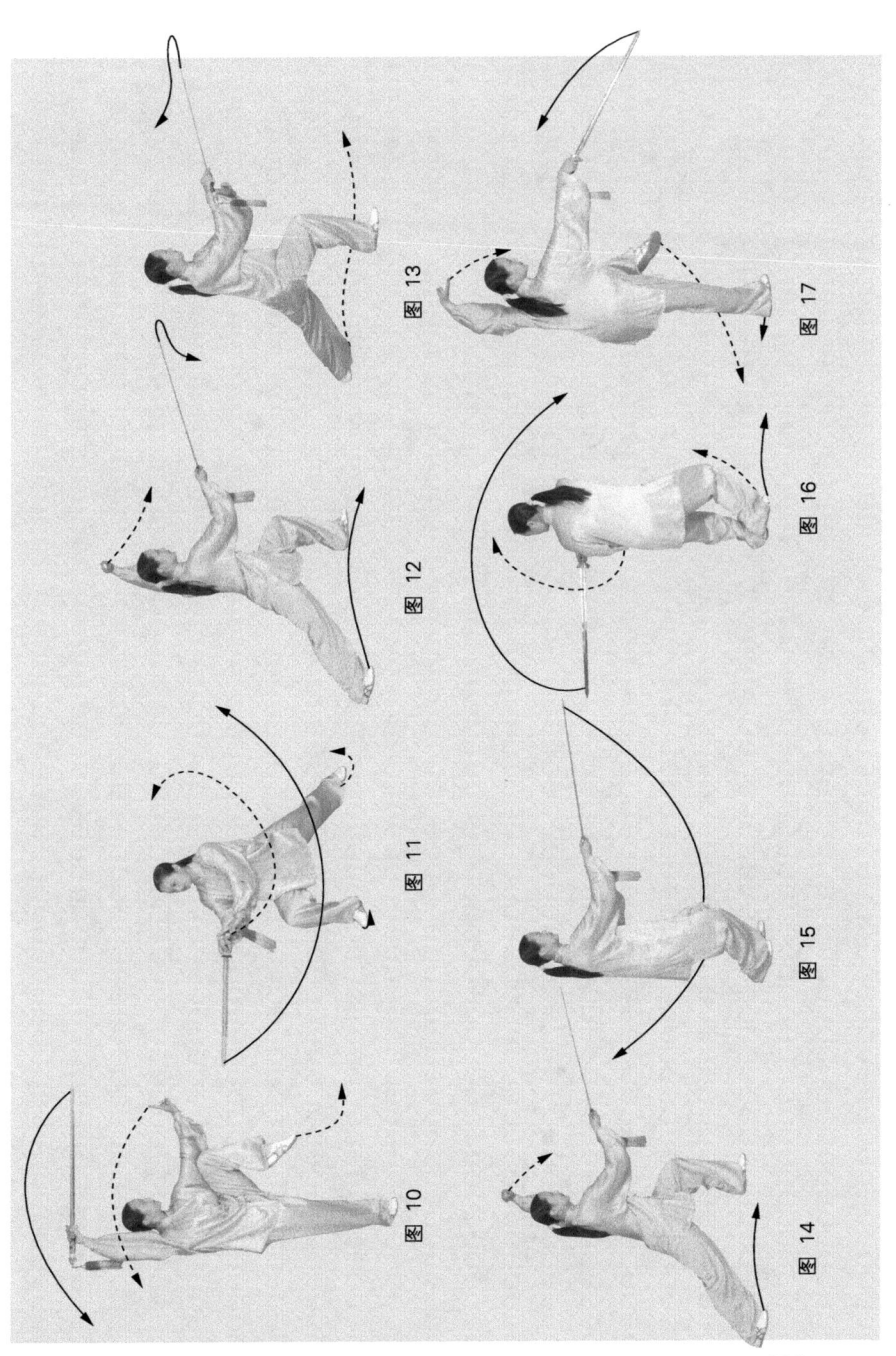

图 14　　图 15　　图 16　　图 17

71

图 18　图 19　图 20　图 21

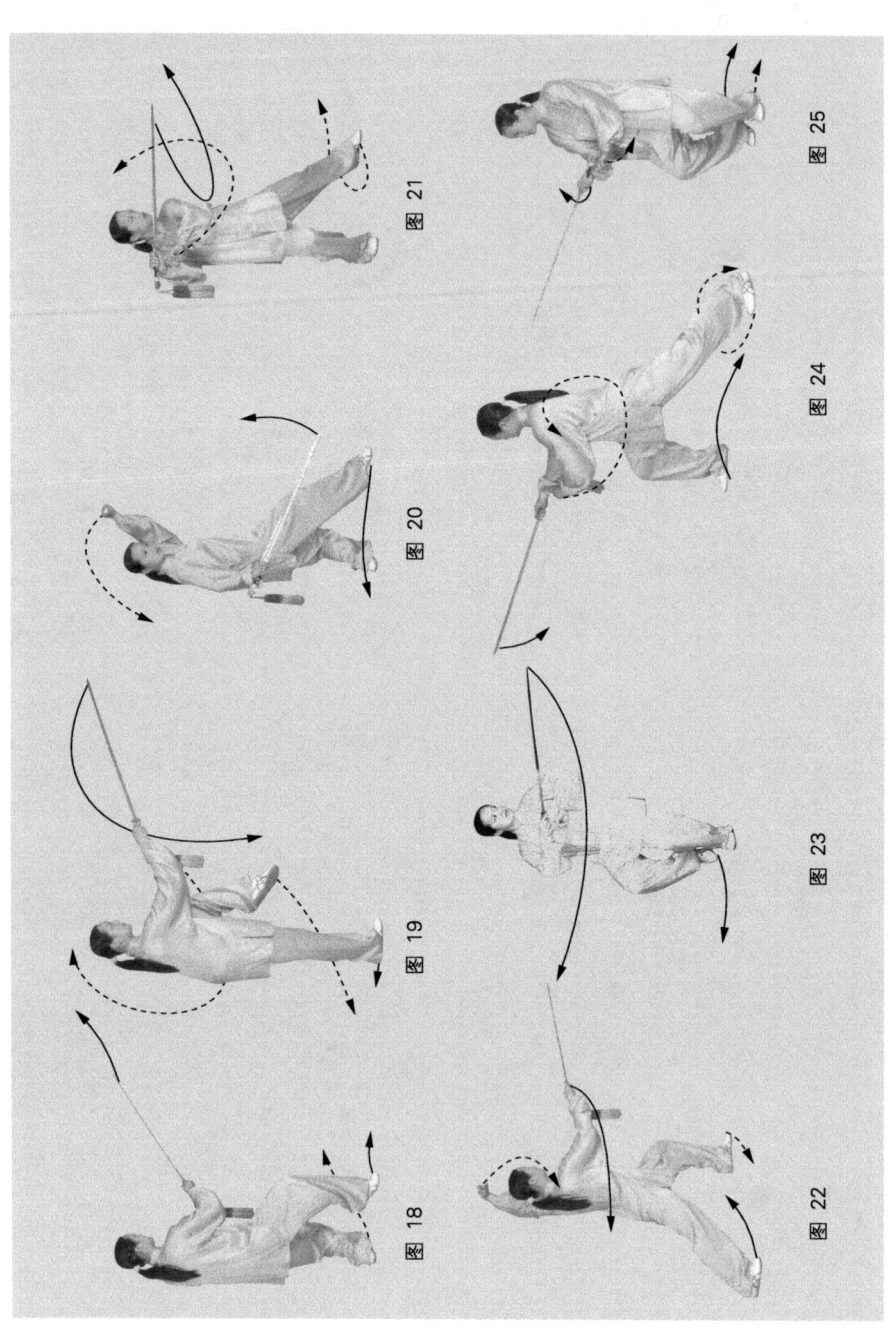

图 22　图 23　图 24　图 25

图 26 图 27 图 28 图 29

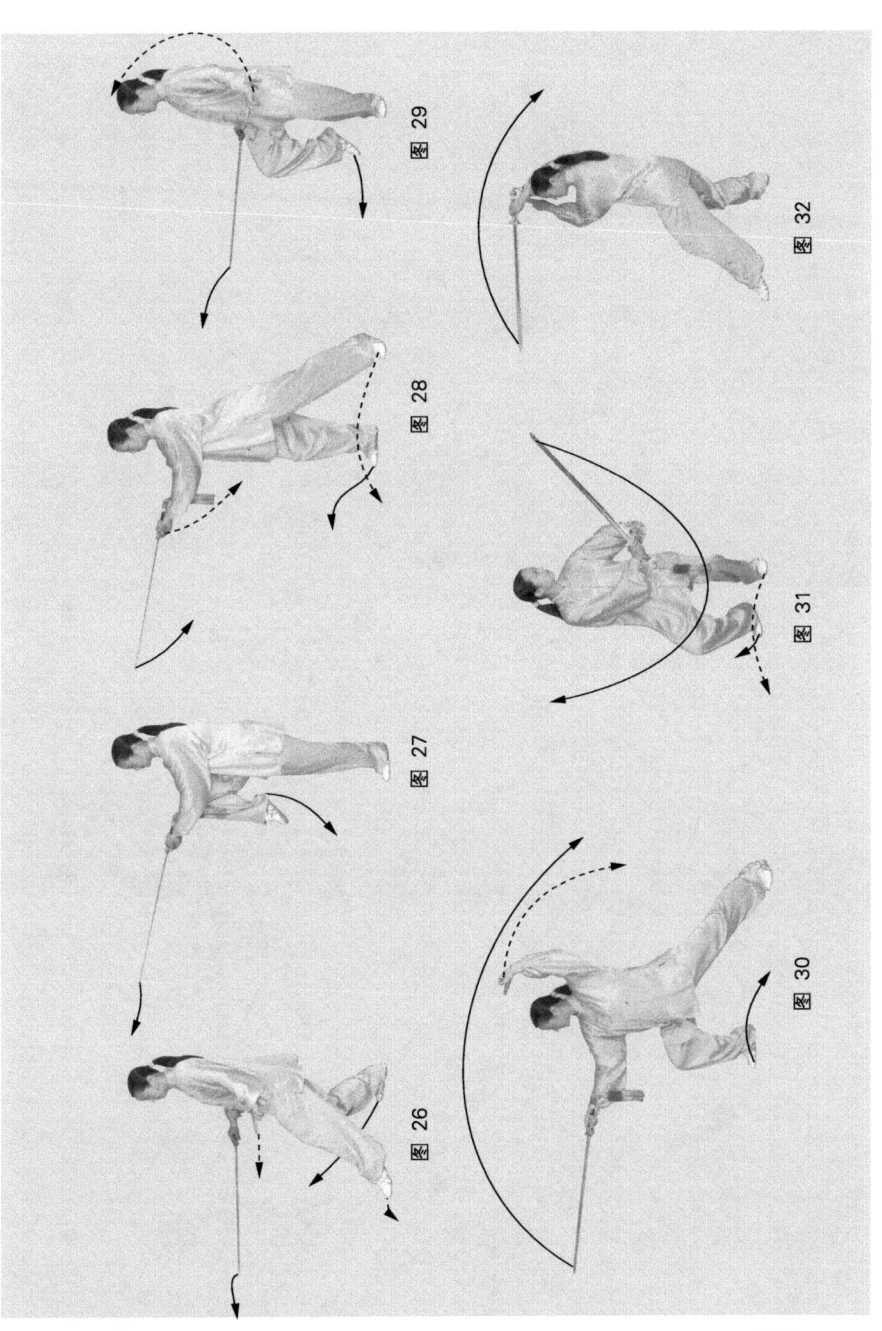

图 30 图 31 图 32

图 33　　图 34　　图 35

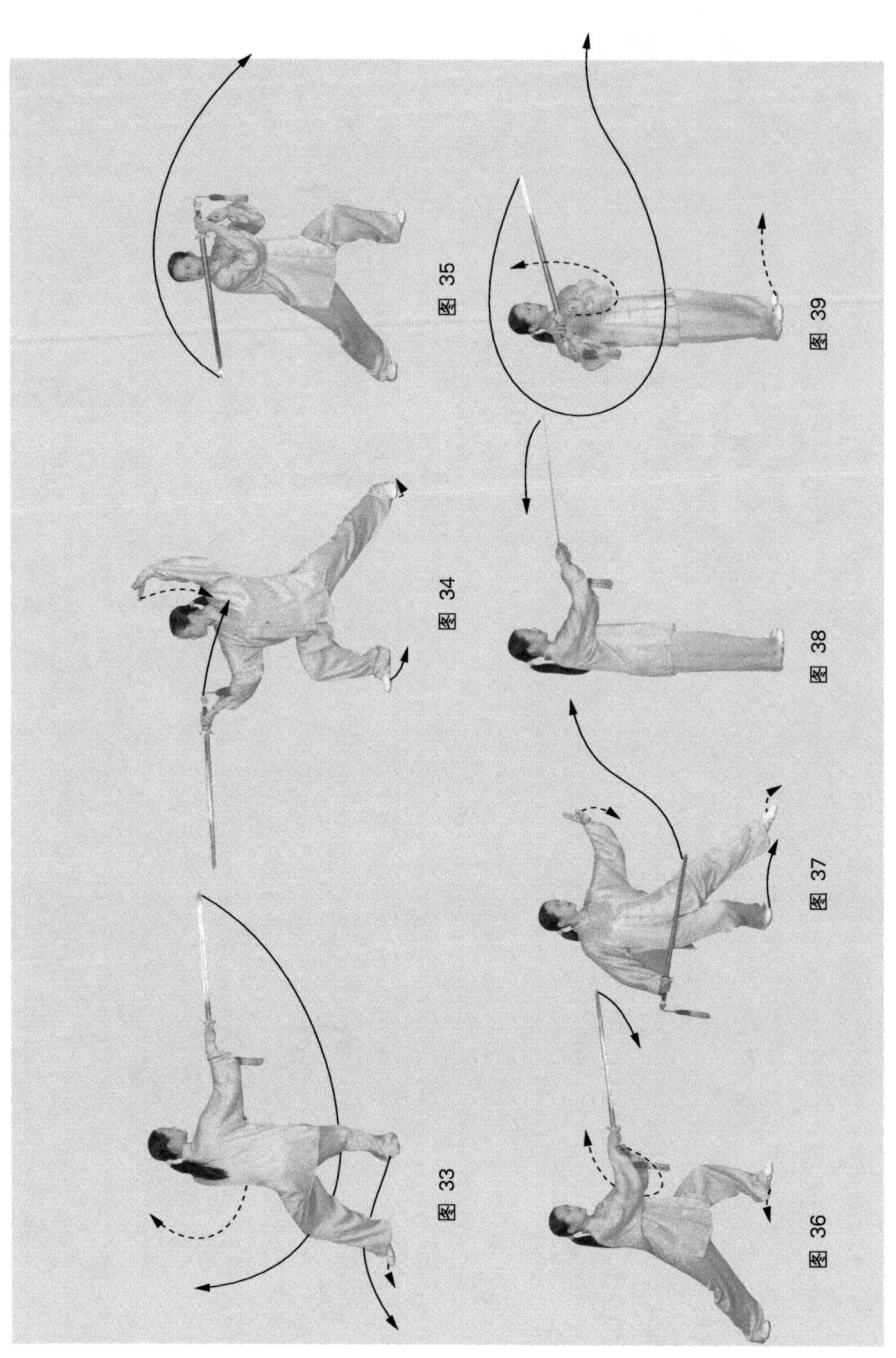

图 36　　图 37　　图 38　　图 39

74

图 40　图 41　图 42

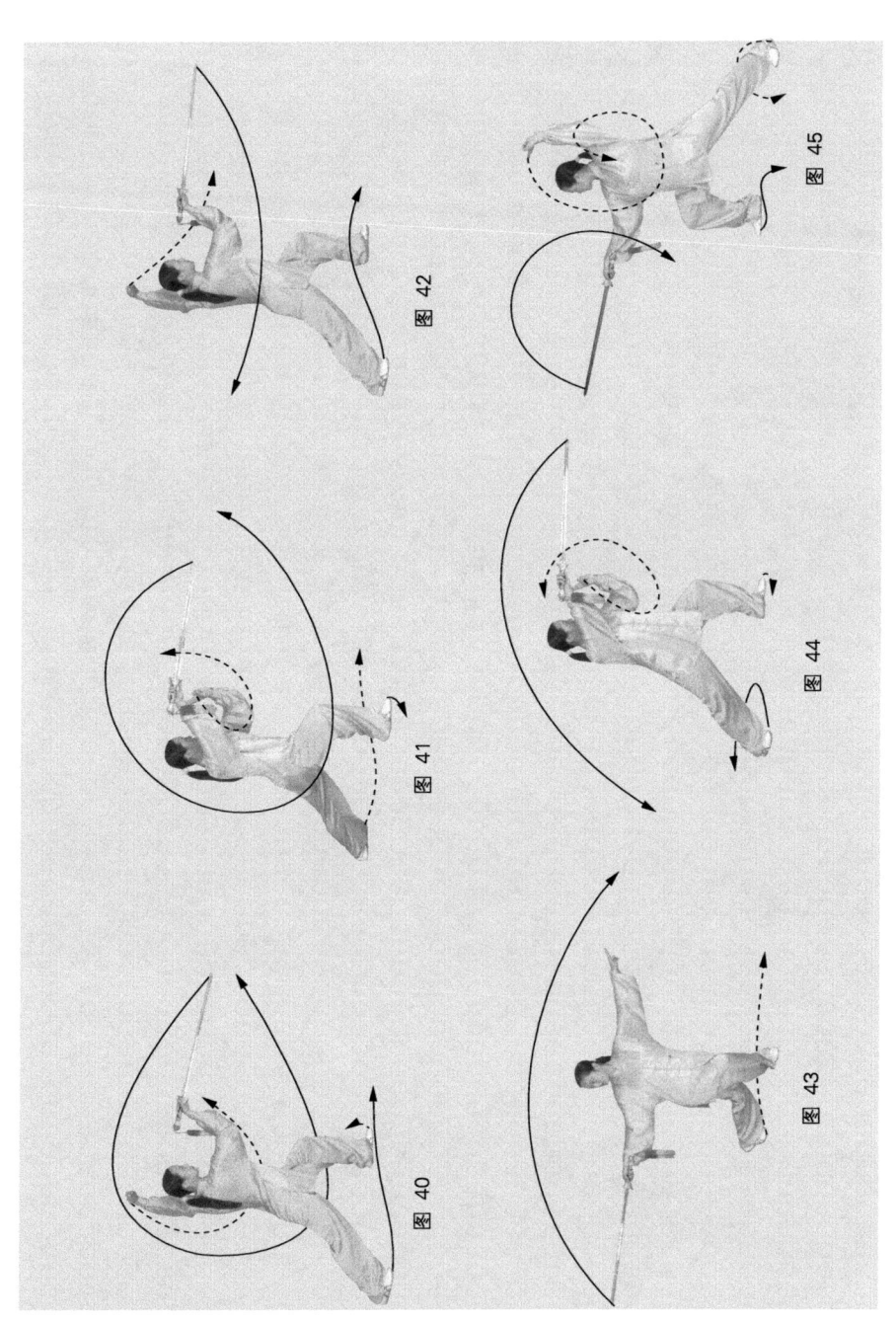

图 43　图 44　图 45

75

图 46　图 47　图 48　图 49

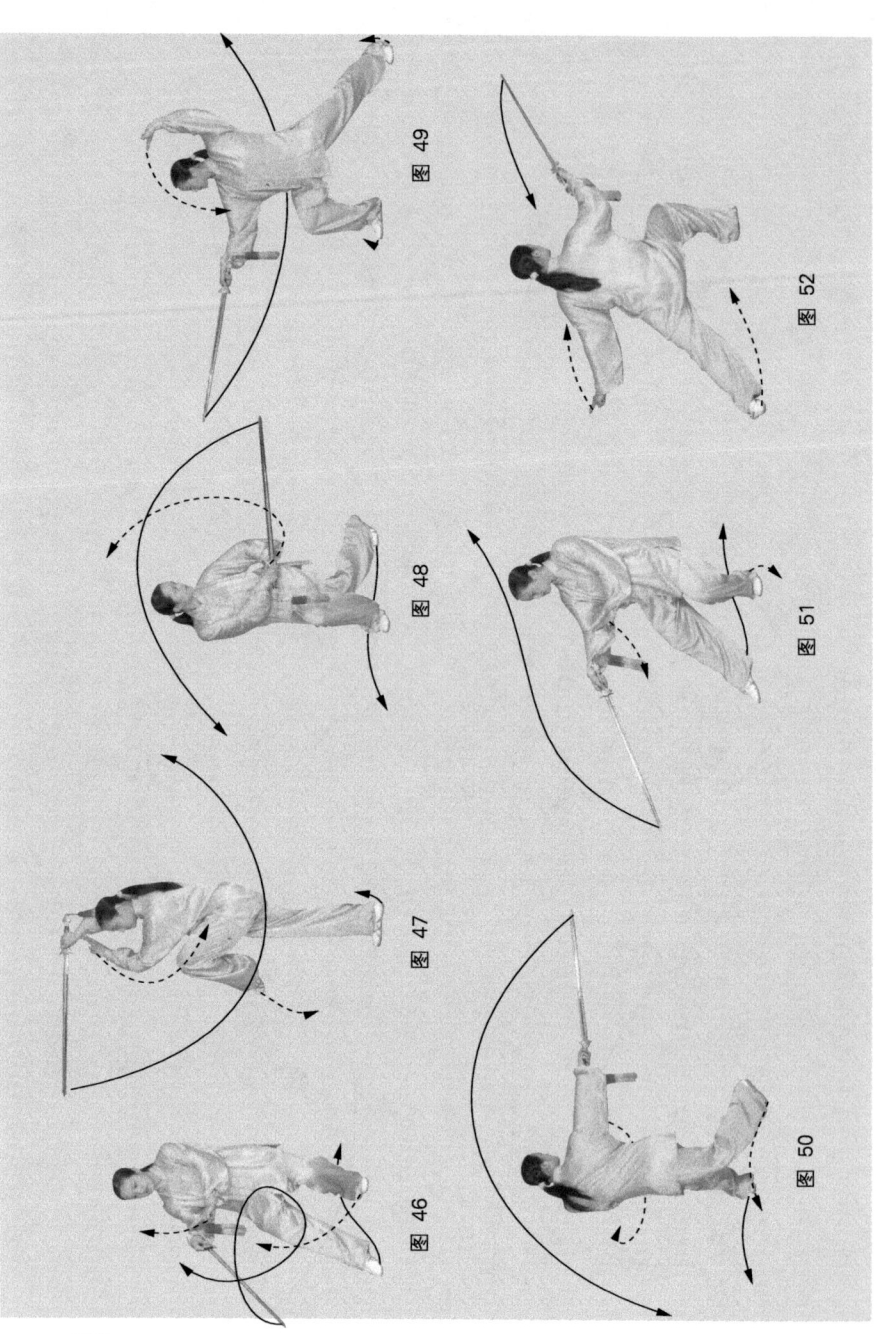

图 50　图 51　图 52

76

图 53　　图 54　　图 55　　图 56

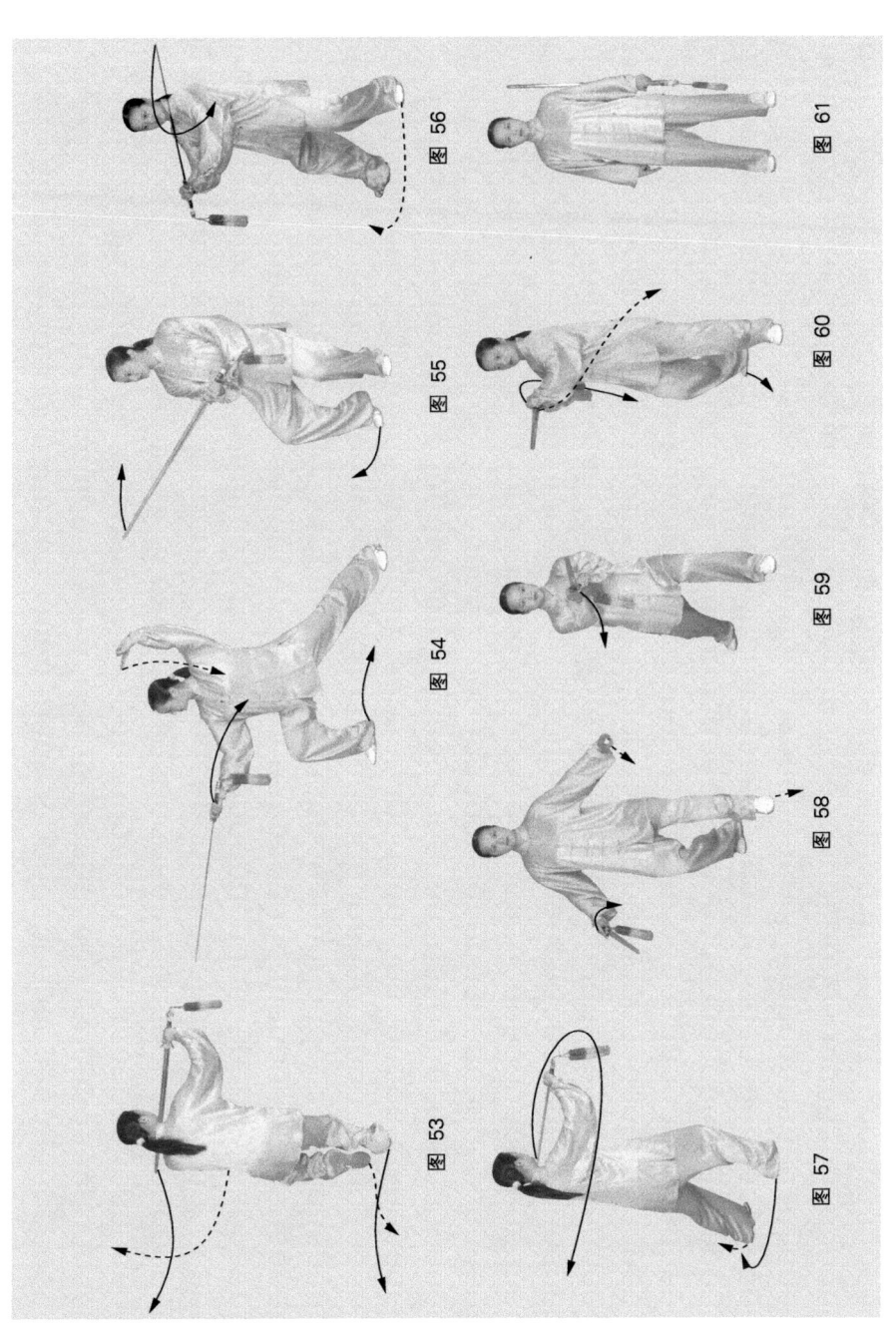

图 57　　图 58　　图 59　　图 60　　图 61

77